Darius Götsch

Bleib weitsichtig und wagemutig!

Von der Weisheit der Eichhörnchen

benno

Ich beobachte sehr gerne Eichhörnchen. Immer wenn sie mir über den Weg laufen, halte ich meine Kamera hoch und mache Bilder. Ganz schön viele Bilder. Von diesen schönen Tieren kann ich im Wald viel lernen.

Heute hat ein Eichhörnchen mich zuerst entdeckt und faucht mich etwas gedämpft an. Wer ein Maul so voll hat wie dieses Tier, muss auch gedämpft klingen. Die Walnüsse sind schon reif und das flinke Tier hat sich gleich zwei davon gesichert. Ganz schön fleißig.

In den Weisheiten von Salomo gilt der Fleiß auch für uns Menschen als eine der wichtigsten Pflichten und Erfordernisse für ein erfolgreiches Leben. Salomo formulierte einen für mich sehr wichtigen Spruch. Einen, der mir seit Jahren Mut macht aufzustehen, rauszugehen und engagiert meine Ziele zu verfolgen:

Der Faule sagt: Ein Löwe ist draußen; ich könnte mitten auf der Straße ums Leben kommen! (Spr 22,13)

Ja, es gibt Gefahren. Ja, auch sehr viele Eichhörnchen werden durch Raubtiere erbeutet. Und es ist wichtig, die Gefahren zu analysieren und diese dann zu umschiffen. Aber nur der Faule folgt vorbehaltlos der lauten Stimme der Bequemlichkeit, Trägheit und Unlust in unserem Kopf und lässt sich durch potenzielle Gefahren abhalten, das Richtige zu tun. Oder überhaupt etwas zu tun.

Mutig kann nur derjenige sein, der Angst empfindet und dennoch handelt. Ohne Risiko gibt es im Leben keine Frucht. Gefahr ist überall vorhanden. Wenn ich mich durch meine Angst bestimmen lasse, werde ich am Ende zu Recht faul genannt werden. Und als logische Konsequenz meines Nichthandelns bleibe ich ohne Erfolge und Ergebnisse.

Ein Schreckensszenario für mich – das möchte ich unbedingt vermeiden. So schaue ich auf das Tier, in seine wild entschlossenen Augen, und werde an diese für mich so wertvolle Weisheit erinnert. Ich nehme mir erneut vor:

*Stelle dich deiner Angst,
geh raus, bewege etwas,
lass dich durch Gott gebrauchen!*

Aber da ist noch mehr: Das Eichhörnchen hat nicht gleich an Ort und Stelle die leckeren Nüsse verspeist. Nach kurzer Begutachtung meiner Person rannte es schwer beladen weg. Nicht um die Nüsse in Ruhe zu genießen. Sondern um sie als Vorrat in der Erde zu vergraben.

Es werden keine tiefen Löcher gegraben, oft reicht eine Vertiefung in der Erde. Es muss auch schnell gehen, die Konkurrenz schläft nicht. Die Nüsse werden dann mit etwas Erde und den herumliegenden Blättern zugedeckt und schon rennt das fleißige Tier zurück zu dem Walnussbaum. Und schnappt sich die nächste Nuss. Und die nächste. Das Eichhörnchen vergräbt die Nüsse an unterschiedlichen Stellen und vergisst später im Winter wieder das eine oder andere Versteck – auch so werden neue Bäume im Wald gepflanzt.

Ich staune über den Fleiß, den ich beobachten kann. Und irgendwie ganz schön weise das Kleine:

> Statt die Nuss sofort zu verspeisen und sich glücklich in die Sonne zu legen, übt das Eichhörnchen Verzicht und investiert in die Zukunft.

Absolut beeindruckend! Ohne dieses Verhalten würde es den Winter nicht überleben.

Eichhörnchen halten keinen Winterschlaf und brauchen auch dann Futter, wenn die Bäume kahl und fruchtlos stehen und draußen Frost herrscht. Sie reduzieren im Winter ihre Aktivitäten stark, aber brauchen dennoch Nahrung. Ohne Vorräte wäre für sie kein Frühling möglich. So sammeln sie fleißig Eicheln, Bucheckern und alle Arten von Nüssen und vergraben sie für die Notzeiten.

Ständig in Bewegung suchen Eichhörnchen aktiv nach neuen Chancen für die Bildung von Vorräten in ihrem Waldgebiet und verteilen gefundene Sachen dann auch auf viele Vorratskammern unter der Erde an unterschiedlichen Stellen.

Und wieder kommt mir Salomo mit seinen Weisheiten in den Sinn:

> Am Morgen säe deinen Samen,
> und bis zum Abend lass deine Hände nicht ruhen;
> denn du weißt nicht, was gelingen wird,
> ob dieses oder jenes, oder ob gar beides zugleich
> gut geraten wird. (Pred 11,6)

So kommt neben dem Fleiß noch kluges und überlegtes Handeln ins Spiel.

Wer fleißig ist, hat schon extrem viel gewonnen, aber wer überlegte und sinnvolle Entscheidungen, basierend auf einem tiefen Verständnis für das Leben trifft, wird die Chance auf viel Erfolg und langes und erfülltes Leben noch weiter erhöhen. Die Weisheit rät uns zu sparen, verantwortungsvoll mit unseren Ressourcen umzugehen, Reserven anzulegen und diese dann an unterschiedlichen Stellen zu platzieren.

Am besten ist es bei der Geldanlage zu sehen. Wer alles in eine Aktie steckt, kann Glück haben und damit eine gute Investition getätigt haben. Das ist aber mehr Zocken als eine Investition. Auch aus meiner persönlichen schmerzhaften Erfahrung rate ich jedem zu einer weiten Streuung. Wie das Eichhörnchen es vormacht und Salomo empfiehlt – unterschiedliche Arten von Werten an unterschiedlichen Stellen. Aber auch Zocken ist hier besser als Faulheit

Das Wichtigste ist, überhaupt etwas zu tun, denn der Winter kommt bestimmt.

Und man sollte gut auf ihn vorbereitet sein.

Noch bevor er kommt, investieren die Eichhörnchen neben Vorräten auch in den Körper mit mehr Fettreserven, mehr Fell und sorgen auch noch für ein warmes Zuhause: den Kobel, eine Art Nest, das sie schön kuschelig dämmen. Es ist gar nicht so einfach, ein Eichhörnchen-Haus zu entdecken. Auch im Winter ohne störendes Laub ist mein Fund ein Glückstreffer.

Jetzt aber finde ich es nicht mehr. Den Kobel des Eichhörnchens konnte ich auch die Tage zuvor nicht ohne Mühe in einer der alten Eichen zehn Meter über dem Boden lokalisieren. Aber heute richte ich die Kamera aus und suche und suche und zweifle an meiner Zurechnungsfähigkeit. Kein Kobel zu sehen.

Ich entdecke das Eichhörnchen in den Strahlen der aufgehenden Sonne. Es sitzt bewegungslos, scheinbar ohne die sonstige übersprudelnde Energie. Ich schöpfe einen Verdacht – das Eichelhäherpärchen, das ich hier neu entdecke, hat wohl den Kobel in die Tiefe stürzen lassen. Das Eichhörnchen ist den Baum hoch- und runtergelaufen, irgendwie nicht fassend, dass sein Zuhause nicht mehr existierte. Es hat nun mit einer weiteren Weisheit Salomos zu tun:

Auch ein Gerechter und Weiser wird mehrfach im Leben umfallen. Er wird aber auch aufstehen und aufbauen. (nach Spr 24,16)

Ich gehe zu dem Baum und finde den Kobel etwas aufgerissen auf dem Boden. Wie traurig. Ich schaue etwas nachdenklich auf die Trümmer und muss an die Enttäuschungen in meinem Leben denken. An die Sachen, in die ich viel investiert habe und welche dann andere zerstört haben. Der Verlustschmerz war groß. Was tut man dann? Was wird nun das Eichhörnchen tun?

Nach einigen Tagen entdecke ich den Kobel neu aufgebaut. Nach der Phase des Schocks und der Trauer hat das Eichhörnchen das alte Material benutzt und einige Bäume weiter ein neues Zuhause aufgebaut. So ein Kobel ist keine echte Meisterleistung und ein Bau dauert nicht besonders lange, aber dennoch lauern viele Gefahren dabei.

Die Eichhörnchen haben meistens mehrere Verstecke, die sie parallel benutzen. Statt sich mit dem, was noch übrig geblieben war zufriedenzugeben, wurde in den Wiederaufbau investiert. Auch hier wie bei Vorräten für den Winter sehen wir die gleiche strategische Vorgehensweise:

Es ist wichtig und weise, fleißig dafür zu sorgen, dass man genug Reserven hat.

Auch uns bleibt nichts anderes übrig, als das Geschehene zu akzeptieren, es zu verarbeiten und dann weiterzumachen. Jammern und Bedauern kommen im Wald nicht vor. Alle stellen sich entschlossen den Schwierigkeiten und glauben unerschütterlich an einen guten Ausgang. Und arbeiten hart. Und wenn Gott segnet, werden sie auch erfolgreich.

An vielen alten Häusern steht ein Spruch, der mich schon lange im Leben begleitet: „An Gottes Segen ist alles gelegen." Es stimmt. Eine große Weisheit. Und dennoch unvollständig. Denn wir sind aufgefordert, unseren Beitrag zu leisten. Fleißig zu sein. Aber anders als die Tiere im Wald haben wir noch die großartige Möglichkeit des Gebets. Den Schöpfer des Universums direkt um Hilfe zu bitten. Und im Vertrauen auf diese Hilfe, Frieden im Herzen zu finden. Großartig.

Die Benediktiner haben im Spätmittelalter folgenden Zweiklang geprägt: *Ora et labora*. Bete und arbeite.
In diesem Zweiklang leben zu dürfen, ist ein großes Vorrecht.

So können wir neben Mut, Entschlossenheit und Fleiß der Eichhörnchen als Menschen noch Vertrauen und Zuversicht leben.

Krisen und Probleme gehören auch zum Leben weiser und gerechter Menschen. Entscheidend ist, was wir daraus machen. Entscheidend ist, dass wir fest an ein gutes Ende glauben und uns den Widrigkeiten mit Mut und Fleiß stellen, egal wie lange diese auch dauern mögen. Ich bin lieber ein Optimist, der sich irrt, als ein Pessimist, der recht behält. So glaube ich aus Prinzip immer fest an eine gute Zukunft. Ich werde irgendwann meinen Enkeln von meinen Niederlagen erzählen oder Bücher darüber schreiben. Das Schlimme von heute wird übermorgen Geschichte sein. Wenn wir mutig neu anfangen, wird uns der heutige Verlust stärker machen.

Die Welt steht uns genauso wie den Eichhörnchen offen. Es gibt Nüsse, Baustoff und es gibt Bäume. Es wird Mühe kosten, ja, aber es ist alternativlos. Und wir schaffen es auch. Lasst uns weitermachen und Neues entstehen lassen! Vielleicht mit mehr Weisheit und guten Ratgebern. Aber unbedingt weitermachen. Oder wie es Paulus auf den Punkt brachte:

Lasst uns nicht müde werden, das Richtige zu tun. Es wird die Zeit kommen, in der wir reich ernten – wir dürfen nur nicht vorher aufgeben! (Gal 6,9)

Morgen gehe ich wieder in den Wald.

Wissenswertes über Eichhörnchen

Eichhörnchen (*Sciurus*) sind kleine Nagetiere mit einem buschigen Schwanz und weltweit verbreitet. Alle 28 Arten sind Waldbewohner. Sie gehören zur großen Familie der Hörnchen (*Sciuridae*) mit ca. 280 Arten. Bei dem heimischen Eurasischen Eichhörnchen (*Sciurus vulgaris*) variiert die Fellfarbe stark – die meisten sind rot, aber viele auch braun bis schwarz. Im Winter werden die Farben etwas grauer, weil viele pigmentfreie Wollhaare für die Wärmeisolation dazuwachsen.

Eindeutig grau sind die Grauhörnchen, die eigentlich in Amerika verbreitet sind, aber mittlerweile schon viele Teile Europas besiedeln und die heimischen Eichhörnchen verdrängen. In Deutschland kommen sie noch nicht vor. Grauhörnchen sind etwas kräftiger gebaut, die Tasthaare am Maul sind kürzer und auch im Winter haben sie keine Haarbüschel an den Ohren.

Eichhörnchen sind tagaktiv und ernähren sich hauptsächlich von Nüssen, Samen und Früchten. Aber sie verachten bei Nahrungsmangel auch Baumknospen, Blüten und tierische Kost nicht – Würmer oder Gelege von Vögeln erweitern sporadisch den Speiseplan. Sie leben normalerweise in Wäldern, aber sie kommen auch in Städten und Vororten wunderbar zurecht.

Eichhörnchen werden bis zu 400 g schwer und können bis zu zehn Jahre alt werden. In der freien Wildbahn liegt die Lebenserwartung allerdings bei nur ca. drei Jahren. Sie bauen Nester aus Zweigen, Blättern und Gras auf Bäumen, die ihnen als Schlafplatz und Versteck dienen. Meistens haben sie mehrere dieser in Fachsprache „Kobel" genannten Verstecke gleichzeitig. Bis zu drei Würfe pro Jahr sind möglich, nur wenige Jungtiere überleben den ersten Winter. Die Pflege der Kinder übernimmt ausschließlich die Mutter, sie duldet in dieser Zeit keine männliche Gesellschaft. Männchen oder Weibchen sind anhand von Größe und Fellfarbe nicht zu unterscheiden.

Besonders ab dem Spätsommer vergraben Eichhörnchen Nüsse und Eicheln als Vorrat für schwierige Zeiten. Sie sind dabei zu Täuschungsmanövern fähig, was selten im Tierreich vorkommt. Wenn sie merken, dass sie von Futterkonkurrenten wie Eichelhähern oder anderen Eichhörnchen verfolgt werden, dann tun sie nur so, als ob sie die Beute in der Erde vergraben würden, und laufen weiter. Die lästige Konkurrenz öffnet das leere Versteck und das Eichhörnchen kann in der Zwischenzeit die Nuss in Ruhe und ohne Beobachter vergraben.

Eichhörnchen halten keinen Winterschlaf und brauchen, auch wenn alle Bäume leer sind, Nahrung. In der kalten Jahreszeit werden die Eichhörnchen circa eine Stunde am Tag aktiv und müssen in dieser Zeit Futter finden. Oder präziser gesagt: schnell Futter finden, und zwar bevor sie erfrieren oder durch andere hungrige Geschöpfe erwischt und selbst zum Futter werden. Ihre größten Feinde sind Greifvögel, allen voran der Habicht, aber auch Baummarder.

Nicht alle der ca. 2.500 Verstecke eines Eichhörnchens pro Jahr werden gefunden. So haben im Verlauf des folgenden Frühjahrs viele Nüsse, Eicheln und Bucheckern die Chance zu keimen und zu Bäumen zu werden. Fleißige Waldfreude und Klimaretter, diese Eichhörnchen.

Bibliografische Information der Deutschen Nationalbibliothek
Die Deutsche Nationalbibliothek verzeichnet diese Publikation
in der Deutschen Nationalbibliografie; detaillierte bibliografische
Daten sind im Internet unter http://dnb.d-nb.de abrufbar.

Alle Fotos dieses Buches können beim Autor individuell angefertigt
(mit dem Code „Benno" um 20 % vergünstigt) bestellt werden:
www.dariusgoetsch.com/naturfotograf

Illustrationen: © Kate Macate/shutterstock.com

Besuchen Sie uns im Internet:
www.st-benno.de

Gern informieren wir Sie unverbindlich und aktuell auch
in unserem Newsletter zum Verlagsprogramm,
zu Neuerscheinungen und Aktionen.
Einfach anmelden unter www.vivat.de.

ISBN 978-3-7462-6451-6

© St. Benno Verlag GmbH, Leipzig
Umschlaggestaltung: Rungwerth Design, Düsseldorf
Covermotiv und alle Fotos: Darius Götsch, Dörfleins
Gesamtherstellung: Arnold & Domnick, Leipzig (A)